帯結びがいらないから**着付け楽々**

切らずにできる 着物の 作り帯

和らく会 著

河出書房新社

はじめに

帯を切らずに糸でぬいとめるだけ
気軽に、簡単に作れます！

作り帯は着物が日本人の日常着だった時代からあるもので、あらかじめ帯を"お太鼓"や"角出し"などの結んだ形に仕立てあげている帯のことです。
着物は着たいけれど帯結びが難しいという着物ビギナーの方から、お年を召されて帯を締めることが大変になった方まで、作り帯があれば帯結びの手間から解放されて、どなたでも簡単に手早く着物を着ることができます。

和らく会の作り帯はお手持ちの帯を切らずに折りたたんで、数ヵ所を糸でぬいとめるだけ。お裁縫の技術は不要。針と糸があれば、どなたでもすぐに作れます。
帯を切らないので、作っている途中でもやり直しがききます。
糸をほどけば元の帯に戻すことができるので、別の帯結びに作り替えることもできます。本書では一重太鼓や二重太鼓だけでなく、粋な角出しや半幅帯の変わり結びの作り方も紹介していますので、どんどん作り替えてくださいね。
そして付け方もとても簡単です。胴回りにベルトのように巻いてひもで結ぶだけ。慣れたらたった3分で美しい帯姿ができあがります。

長すぎたり短すぎたりして締めるのがひと苦労の帯やポイント模様が出にくい帯も、作り帯にすれば解決できます。愛着ある帯やアンティークの帯でも結ばずに使えるので帯をいためる心配も無用です。
和らく会の作り帯が皆さんの着物ライフをどんどん広げるお手伝いになれば、こんなにうれしいことはありません。
さあ、着物好きの皆さん、和らく会と一緒に作り帯を楽しみましょう。

和らく会

Contents

作品

名古屋帯
一重太鼓……4
角出し……8

袋帯
二重太鼓……10
角出し……12

半幅帯
吉弥結び……14
和らく結び……15

丸帯
一重太鼓＆二重太鼓……16

和らく会流
作り帯の楽しみ方いろいろ!!……17

作り方

作り帯の作り方・基本のルール
ステップ1、2……18
名古屋帯・一重太鼓の作り方……20
袋帯・二重太鼓の作り方……28
作り帯の作り方・基本のルール
ステップ3……33
袋帯・角出しの作り方……34
半幅帯・吉弥結びの作り方……40
半幅帯・和らく結びの作り方……46
名古屋帯・角出しの作り方……50

付け方

角出しの付け方……55
お太鼓の付け方……58
吉弥結びの付け方……60
和らく結びの付け方……62

・本書の作品の作り方は帯の種類別に紹介しています。同じ種類の帯ならばご使用になる帯の長さに関係なく、すべて同じ手順で作ることができます。
・帯の長さの調整は「作り帯の作り方・基本のルール」（P33）に掲載しています。

名古屋帯 一重太鼓（いちじゅうだいこ）

名古屋帯で結ぶ帯結びの定番。お太鼓部分が一重になっていて、小紋や紬、ウールなどのふだん着物や軽めのおしゃれ着向きの結び方です。

蝶々が舞う塩瀬の名古屋帯に蝶々と同系色の着物をコーディネート。羽根も触覚も切れることなく、優雅な姿をお太鼓の真ん中に出せました。出したい柄を自由に出せることが作り帯の大きな魅力です。

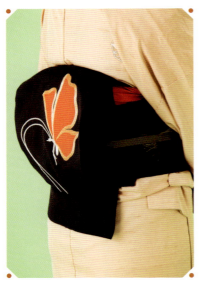

お太鼓の中ももたつかずすっきり。一日中付けていても着崩れは一切ありません！

前帯は柄をちょっとずらして。もちろん前帯も出したい柄を出したい場所に出せます。

「帯を切らない、結ばない作り帯だから
アンティークの帯もずっと使い続けられます」

港町の風景が織り込まれたアンティーク帯は推定90年前のもの。「手結びだと締めたり結んだりのたびに帯がいたんでしまう……」というわけで作り帯に変身！ 愛着ある帯がずっと現役で活躍してくれています。

帯締めは着物と同系色のグリーンで。色無地に帯が映えます。

名古屋帯 一重太鼓（いちじゅうだいこ）

グリーンの着物に朱色の草木染めの博多献上が色鮮やか。かたすぎずやわらかすぎない博多献上はお太鼓にしたとき、形がきれい！ おすすめです。

銀糸で織った地に牡丹の花が咲く爪綴れの名古屋帯。花や葉に広がりがあるため、意外に柄出しが難しいものです。作り帯ならばいつでも牡丹が咲き誇っています！

ヴィンテージのUSコットンで仕立てた帯の難点はかたい上にすべらないこと。締めにくいのです！ そんな嘆きも作り帯で解消できました。すべらない帯に力を使うより、作り帯！

涼し気な麻の帯に紗の着物。着物の光線の模様が帯のほたるの光のようです。麻の帯はぬいやすく、できあがりもしゃっきりしているので初めて作る方でも上手に作れます。

白と黒の出し方はきっちり計算して作りました。帯締めとのコントラストもすてきです！

草履も白×黒でコーディネート。

白と黒の市松模様の帯は手織りの本綴れ。直線の印象が強い柄は着崩れしてくると線もゆがんで見えてしまいます。作り帯にしてきれいな直線をキープしましょう。

黒喪帯はお太鼓結びしかしない、ご不幸は急に訪れる。というわけで作り帯にしておくことをおすすめします。

色無地に墨絵の蓮柄の帯を合わせた準喪服のよそおいです。お知り合いに貸してあげる方も多いとか。作り帯ならではの使い方です。

名古屋帯 角出し(つのだし)

お太鼓結びよりちょっとくだけて、着慣れた雰囲気が
大人の女性の粋な着こなしを演出します。紬や小紋によく似合います。

角度をつけてシャープな印象に。たれも長めにすればお尻もカバーできます。

絹紅梅の着物に麻の帯。着物の色から取った黄土色の地にトンボが飛ぶ夏の着こなしです。そして夏の着物こそ作り帯！ なんといっても帯結びが3分、汗をかかずに完了できます。

デニムの着物によろけ縞の帯で洋服感覚のコーディネートだから、洋服を着るように手軽に着たいもの。その第一歩は作り帯です！

前帯の柄と帯締めの結び目が重ならないように少しずらして、すっきりと。

「私のお遊び着!」というコーディネートは女子系レッドにモダンなコプト柄の帯。お遊び着はやっぱり粋な角出しが似合います。

「作り帯に出会ってから着物をどんどん着ています!」

明るいオレンジの抽象柄の帯をシックな着物で。衿も深めに抜いて大人の粋を楽しみます。

うす藍染めの縮緬の帯は手結びだとやわらかすぎて帯がいうことを聞かず、けっこうクセ者。作り帯にする最大のメリットは「いい形で作っておけること」という愛好者の方、多いです。

二重太鼓
にじゅうだいこ

袋帯

どっしりしたフォーマル用の帯こそ、切らない、結ばない作り帯がおすすめ。
おめでたい日の着付けも自宅で一人でできます！

源氏大鎧文の格調高い帯と連獅子が描かれた綸子の訪問着。この礼装も作り帯ならば自宅で一人で美しく着付けることができます。大切な日のお支度はやっぱり自宅でゆっくりできるのが一番です。

帯山のカーブ、お太鼓の形、たれの線、どれもプロの着付け師さんの仕事のような見事な帯姿です。

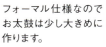

フォーマル仕様なのでお太鼓は少し大きめに作ります。

黒留めに金箔地に吉祥文様の帯はおめでたい日の新郎・母の装いです。挙式から披露宴、そのあとまで長い一日でも美しい帯姿はしっかりキープ。

堂々たる青海波の吉祥文様の帯は帯地もどっしり。
手結びだと力がいりますが作り帯ならば楽々です。

前帯の花の柄と帯締めの色をそろえて印象的に。この位置に花が来るように作っています。

お気に入りの着物と鉾（ほこ）柄の帯。柄の出し方もばっちり、マイサイズの作り帯にしてお気に入り度もさらにアップしました。

「作り帯のおかげで二重太鼓でも気楽に着物を着ています」

鮮やかなグリーンの七宝柄が目を引くモダンな帯はレストランや観劇などのちょっとおしゃれしたいシーンにぴったり。お太鼓とたれの柄合わせもぴったり決まっています。

袋帯

角出し(つのだし)

角出しの作り帯はお太鼓よりも、さらに簡単。
初めて作る方でも2時間がんばれば、完成します！

「たんすの中にずっと眠っていた帯が作り帯になって、喜んでいます！」

浴衣感覚で着たい十日町紬に羅の帯で夏の気軽なお出かけスタイル。浴衣や夏着物に角出しは大人の色っぽさを演出します。

角度やふくらみ加減など、できあがりの形は自分好みに調整できます。

紬の付下げに角出しは粋な着こなしの王道です。「角出しは帯枕が小さいので、夏は背中が涼しいですよ!」と和らく会の耳より情報あり!

絞りの入った染め帯は柄がないので角出し向き。適度にやわらかい帯地なのでぬいやすく、形もきれいにできました。

柿渋染めの西陣織の帯と白ひげ紬でモダンに。ちょっと大きめな形に作って背中の空きを少なくすることで、帯姿がきりっと引き締まります。

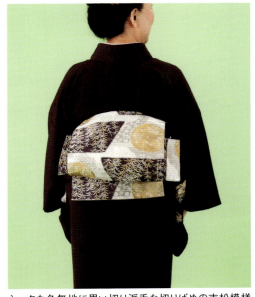

シックな色無地に思い切り派手な切りばめの市松模様の帯。帯に派手なし、これが大人の着物ルール。下半身の太さは角出しでカバー、これは和らく会の秘密のルールです。

吉弥結び
きちやむすび

半幅帯

気軽で簡単な半幅帯×装着3分の作り帯。
半幅帯の作り帯で着物が洋服感覚の日常着になりました!

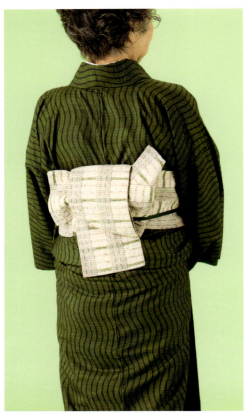

よろけ縞の紬に木綿の半幅帯。たれはお尻が隠れる長さにしました。片方の羽根は角度をつけてアシンメトリー風に。

"たれ"がある結び方なので年配のご婦人にも似合いますよ」

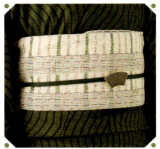

帯の縞、着物、帯締めをグリーンで統一したふだん着ルック。

オールシーズンOKの博多献上は使い勝手がいいので、1本あると便利。羽織の下でも気軽につけられます。

和らく結び

半幅帯

ガールもミセスもりぼん結びは大好き。和らく会好みのりぼん結びは可愛い系から大人系までスタイル作りは自由自在です。

お正月やひな祭りにはアンティーク着物に小袋帯でおめかしです。羽根を大きくして可愛らしく。着物を着せてもらったら帯は自分でつけられます。

羽根を小さくした大人スタイルのりぼん結び。袋状の小袋帯は適度なかたさがあるので羽根の形が作りやすく、おすすめです。

真っ赤な帯締めでキュートに。

「ふわふわの半幅帯でも手結びよりも着崩れしません」

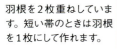

羽根を2枚重ねしています。短い帯のときは羽根を1枚にして作れます。

ポリエステルのふわふわ帯に花火柄の浴衣で元気いっぱい。羽根をふんわり垂らした可愛らしい少女スタイルです。

丸帯 一重太鼓（いちじゅうだいこ）＆ 二重太鼓（にじゅうだいこ）

帯地を二枚合わせにした丸帯は明治大正時代の女帯の第一礼装。
地厚で結びにくい丸帯も作り帯にして楽しみましょう。

鳳凰に菊の花を配した格調高い手刺しゅうの帯は明治から大正初期に作られたもの。松の内などおめでたいシーンに一重太鼓で。

帯地は絞り。着物は帯を引き立てる栗茶の色無地です。

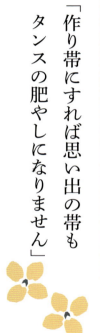

「作り帯にすれば思い出の帯もタンスの肥やしになりません」

地厚で結びにくい帯でも作り帯なので、帯山が背中にぴったりと密着しています。

金地に四季の草花が咲き誇る華やかで存在感たっぷりの丸帯。礼装なので二重太鼓。お太鼓は大きめに作っています。

和らく会流
作り帯の楽しみ方いろいろ!!

まったく帯結びができない着物初心者の私でも、きれいに着物を着ることができます。

作り帯にしてから、すべての着物を一人で着られるようになりました。

縮緬素材の帯は結びにくいので作り帯がおすすめです。

短時間で装着できるので気軽に着物で外出できます。

胸を締め付けないので一日中、着物を着ていても楽です。

作り帯に出会ったときは感動のひと言に尽きました。手結びの苦痛がなくなり、着物が身近になりました。

どんな古い帯でもステキなお太鼓になります!

作り帯を作り始めて10年になりますが、気軽に着物を着られて楽しんでいます。

帯結びができず、着物でおしゃれをしたかった私には作り帯は最高のものです!

前帯もお太鼓も好きなところに柄を出せて、どんな長さの帯でも自分サイズに仕立てられるのでうれしいです。

手が背中に回らなくなった方や力が弱くなった方にいいですよ!

作り帯の作り方 基本のルール

和裁や洋裁の技術は一切不要なのでお裁縫が苦手な方でも大丈夫。
針と糸で必要な数ヵ所をぬいとめるだけで完成です。

ステップ1

●材料

種類や長さ、幅、帯地に関係なくどんな帯でも着用する人のサイズに合わせて作れます。最初はやわらかくて針を入れやすい帯地や柄出しの調整がいらない全体に柄がある帯が作りやすく、おすすめ。帯の長さが足りなかったり長すぎたりする場合は足し布やたたみ方で対応できます。

●用具

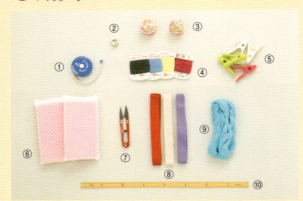

①メジャー／胴回りを計測 ②指ぬき／かたい帯地のとき便利 ③ぬい針とまち針 ④ぬい糸／ボタンつけ糸が丈夫でおすすめ ⑤ピンチ（洗濯バサミ）／10個以上 ⑥食器用スポンジ／2個。角出し用 ⑦糸きりばさみ ⑧ひも用布／2cm幅×（胴回り＋40cm）。余り布や手芸用アクリルテープなど ⑨しつけ糸 ⑩ものさし／帯のサイズを計測。40cmのものが便利

あると便利

皮用ぬい針（一番長い針）／かたい帯地でも布通りがよくスッと針が入ります。

スレダー／糸通し器。糸通しがとても簡単になります。

ラジオペンチ／かたい帯地に入れた針が抜けないとき、針先をはさんで抜きます。

ステップ2

● お太鼓結びの大きさ

お太鼓 34〜40cm
たれ 7〜11cm

【一重太鼓】
帯位置高めですっきりと

【一重太鼓】
たれの長さでお尻をカバー

【二重太鼓】
大きめのお太鼓で存在感アップ

一重太鼓と二重太鼓の作り帯の場合、お太鼓の大きさは身長や体型、好みの帯位置に応じて調整してください。カジュアルなものは小さめ、フォーマルなものは大きめに作ります。たれの長さは約7〜11cmが一般的ですが、人差し指の長さを目安にしてもいいでしょう。

● ピンチの使い方

ピンチは印つけや、作業中に決めた形で帯が動かないように固定するために使います。作り方ページでは使用している帯の帯地によってピンチを使ったりはずしたりしていますので、同じ作業でもピンチの数や位置が違ってきます。たとえば折りたたんだときにふくらんでしまう厚手の帯などはピンチを増やして固定しています。

【たたみやすい名古屋帯】

【厚手の袋帯】

● 半幅帯の作り帯に必要な長さ

半幅帯の長さは3.6m前後が一般的ですが、3m前半から長いものは4mを超えるものまでいろんな長さのものがあります。本書で紹介した吉弥結びと和らく結びに必要な長さは次の計算式で割り出すことができます。

【吉弥結び／お太鼓の大きさ80cmの場合】

$$（胴回り＋10cm）×2＋手40cm＋お太鼓80cm＋帯幅$$

【和らく結び／羽根の長さ80cm・お太鼓の大きさ40cmの場合】

$$（胴回り＋10cm）×2＋お太鼓40cm＋羽根80cm＋（帯幅×2）$$

● 作り帯の収納

できあがった作り帯はたたむと、とてもコンパクトになります。重ねて収納すると場所もとらず、使うときも一目瞭然。しかも自然な重みでシワも取れるのでアイロンいらず！ ぜひお試しください。

一重太鼓（いちじゅうだいこ）の作り方

名古屋仕立てや松葉仕立て、開き仕立てと仕立て方がいろいろありますが、お太鼓の大きさも前帯の幅も自分好みのサイズで作れます。

● 用意するもの
・名古屋帯（約3.2〜3.9m）
・ひも（2cm幅・胴回り＋40cm）

● 各部を採寸する

1 帯の長さと幅、作り帯を付ける人の胴回りをはかる。

ポイント

胴回りはウエストではなく、帯を締めたときに帯の下線がくるあたりをはかります。

【見積もり図】

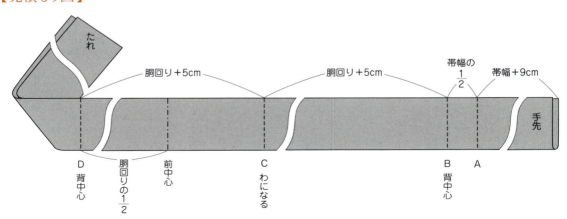

2 ❶で計測したサイズを元にしてA〜Dの位置を決め、目印のピンチをする。

● お太鼓部分を作る

3 P19ステップ2を参考にしてたれの長さ（本書では9cm）を決めて、帯の表側にまち針を打つ。

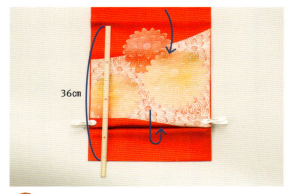

4 帯を引き下げてお太鼓の柄と大きさ（本書では36cm）を決め、帯山の位置を決める。余分を折り込んで下線を❸のまち針に合わせ、ピンチで仮どめする。

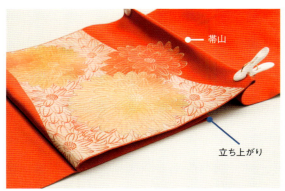

5 帯山をピンチで仮どめする。❹のお太鼓の下に折り込んだ余分は立ち上がりになる。

6 お太鼓の柄の出方と大きさを確認する。

● 胴回り部分を作る

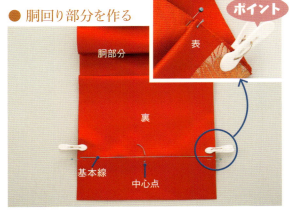

7 帯を裏返す。まち針の1cm上に表側から針を入れて、基本線のしつけをかける。基本線の中心に玉どめで中心点の印をつける。

8 胴部分を折り下げて中心点にDを重ね、たれと胴部分をピンチで仮どめする。

9 前帯の幅を帯幅の2分の1より広めにしたい場合は、帯をずらして折って幅を出す。

10 三角部分に手を入れて、余分を押し込む

11 ⑩と同様に反対側に手を入れて、余分を押し込む。

12 余分が取れて、きれいな三角形ができた状態。

13 アのところで3cmのぬい目で立ち上がり（P21❺参照）までぬいとめる。

【イラスト1】

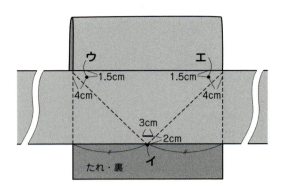
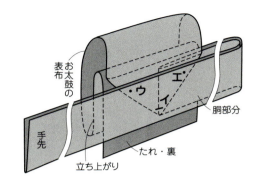

イ→胴1枚と三角部分を飾り十字どめ。ウ→胴1枚と三角部分を十字どめ。エ→胴2枚と三角部分を十字どめ。

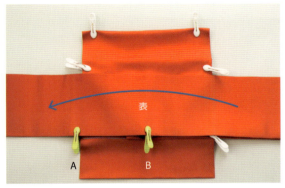

14 胴部分を折って中心点にBを重ねる。

15 イ、ウ、エをぬいとめる（イラスト1参照）。

● 結びひもをつける

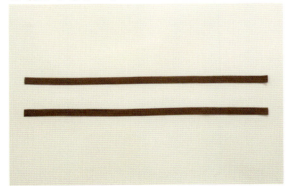

16 ひもを二等分する。

17 胴部分の手先側にひもをつける。ひも端から2cmのところでひもと胴を4目でぬいとめる（P24イラスト2参照）。

23

【イラスト2】

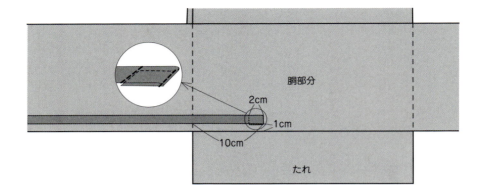

⑱ 基本線のしつけを切る。

⑲ ひもを折り返し、わから2cmのところでひもと胴、たれを4目でぬいとめる（イラスト2参照）。

⑳ ひもを折り返して、根元のところで胴から立ち上がりまで1目でぬいとめる（イラスト2参照）。

㉑ 帯を表に返す。

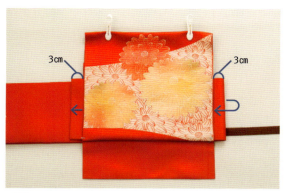

㉒ お太鼓（立ち上がりの上）に手先を通す。

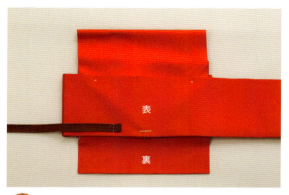

㉓ 帯を裏返す。

㉔ 胴部分をめくり、オのところで胴から㉒の手先まで1目でぬいとめる。

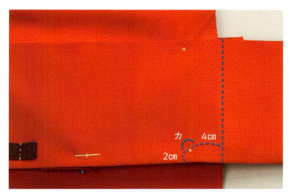

㉕ 胴部分を元の位置に戻して、カのところで胴2枚を十字どめする。

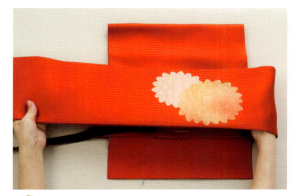

㉖ 胴部分を折り返し、わに右手を入れる。左手で胴部分の内側を引っ張り、外側にゆるみを作る。

㉗ ゆるみができたら、ずれないようにピンチで仮どめする。

㉘ 残りの胴部分を折りたたむ。

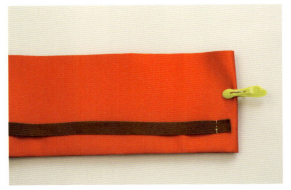

㉙ 胴部分にひもをつける。わから5mm、下辺から3cmのところでひも端から1.5cmのところと胴の上1枚を4目でぬいとめる。

㉚ ひもを折り返し、わから1cmのところでひもと胴2枚を4目でぬいとめる。

㉛ ひも端を三つ折りぐけする。

㉜ 胴部分の上端を内側に折り込み、内側から針を入れて、2目返し針をしてぬいとじる。

㉝ ぬいとじた状態。

全体の形

たたんだ形

③④ できあがり。

たたみ方

① 胴部分をお太鼓の上に折り返す。わに人差し指を入れて、右手で引っ張り、たるみを取る。

② ①と同様に残りの胴部分を折り返していく。

③ 折り返した胴部分をお太鼓の中に入れる。

④ 胴部分がお太鼓の中にきれいに収まった状態。

⑤ たれを折りたたむと、コンパクトになって収納に便利。

二重太鼓の作り方

袋帯

お太鼓部分が二重になっている結び方で、帯の長さが長い袋帯や洒落袋帯で結びます。フォーマル、カジュアルどちらも楽しめます。

● 用意するもの
・袋帯（4m～）
・ひも（2cm幅・胴回り＋40cm）

● 各部を採寸する

1 帯の長さと幅、作り帯を付ける人の胴回りをはかる。

ポイント
胴回りはウエストではなく、帯を締めたときに帯の下線がくるあたりをはかります。

【見積もり図】

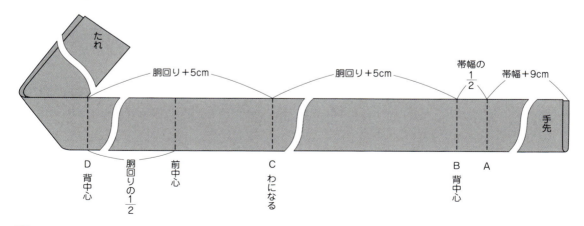

2 ❶で計測したサイズを元にしてA～Dの位置を決め、目印のピンチをする。

● お太鼓部分を作る

3 P19ステップ2を参考にしてたれの長さ（本書は9cm）を決めて、帯の表側にまち針を打つ。お太鼓の大きさ（本書は38cm）と帯山の位置を決める。

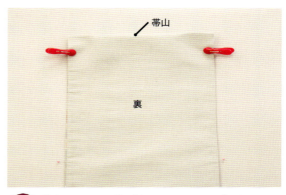

4 帯山のところで帯を折り返し、ピンチで仮どめする。

5 お太鼓部分を❹の裏に重ねて出したい柄のところまで引き下げ、柄の位置が決まったら、帯山をピンチで仮どめする。

6 たれとお太鼓の柄合わせを確認する。

7 たれとお太鼓の柄が重なるように、お太鼓の下に余分を折り込む。

8 たれとお太鼓の柄が重なったところでお太鼓の下線を❸のまち針に合わせ、ピンチで仮どめする。

● 胴回り部分を作る

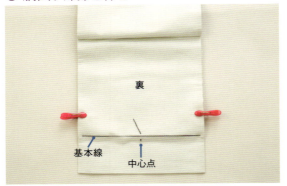

9 帯を裏返す。まち針の1cm上に表側から針を入れて、基本線のしつけをかける。基本線の中心に玉どめで中心点の印をつける。

10 胴部分を折り下げて、中心点にDを重ねてたれと胴部分をピンチで仮どめする。

11 P22 ❿〜⓭と同様に三角部分の余分を取り、アを立ち上がりまでぬいとめる。

12 胴部分を折って中心点にBを重ねて、BとDのピンチをはずす。P23 ⓮、⓯と同様に胴部分を折ってイ、ウ、エをぬいとめる（イラスト1参照）。

【イラスト1】

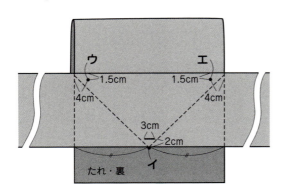
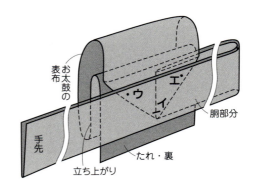

イ→胴1枚と三角部分を飾り十字どめ。ウ→胴1枚と三角部分を十字どめ。エ→胴2枚と三角部分を十字どめ。

● ひもをつける

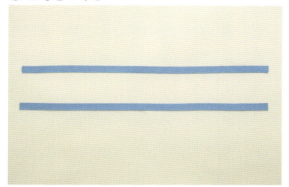

⑬ ひもを二等分する。

⑭ P23⑰、P24⑱〜㉒と同様に胴部分の手先側にひもをつける（イラスト2参照）。

【イラスト2】

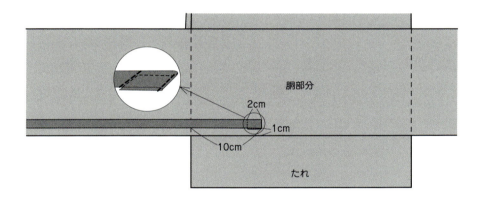

⑮ P24㉑、P25㉒と同様にお太鼓に手先を通して、帯を裏返す。胴部分をめくり、オのところで胴から手先まで1目でぬいとめる。

⑯ 胴部分を元の位置に戻して、カのところで胴2枚を十字どめする。

🔴17 P25❷❻、❷❼と同様に胴部分を折りたたむ。

🔴18 P26❷❾〜❸❶と同様にひもをつけて、ひも端を三つ折りぐけする。 P26❸❷と同様に胴部分の上端をぬいとじる。

全体の形

🔴20 できあがり。たたみ方はP27の名古屋帯・一重太鼓と同様。

たたんだ形

たたんだ形

作り帯の作り方基本のルール ステップ3

● 袋帯&名古屋帯の前帯の柄出し

1 基本のピンチDの位置。緑ピンチのところが前帯の中心にくる。

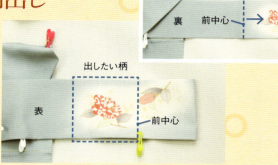

2 帯の表側の出したい柄のところに緑ピンチをずらす。

3 ずらした緑ピンチから胴回りの半分のところにピンチDをずらし、さらに中心点（基本線の中心）に重ねる。

作り方ページ（P20、P28）②の見積もり図Dの位置は、前帯の柄の出し方にこだわらない基本の位置です。Dから手先に向かって胴回りの半分のところが前帯の中心になります。前帯の柄を好みの柄にしたいときは柄の位置に合わせてDの位置をずらして、好みの柄が出るように調整します。

● 胴部分が余ったときの処理

前帯の柄出しで背中心Dの位置がずれたり、胴回りが細かったりして胴部分が余った場合は折りたたんで処理します。

【胴部分で処理する場合】

余分を内側に折り込んでぬいとめる。　余分を処理したところ。

【お太鼓部分で処理する場合】

余分が出た状態。　余分を三角部分の下に折り込んでたたむ。

● 帯が短いときの処理

胴部分に足し布（最大で13cmくらい）をして伸ばします。背中に隠れる部分なので、足し布はどんな布でもOKです。

袋帯 角出しの作り方

お太鼓の両脇から「手」を出した結び方で、お太鼓の下辺部にシャープなふくらみがある粋な雰囲気の帯結びです。

● 用意するもの
・袋帯(4m〜)
・ひも(2cm幅・胴回り+40cm)
・食器用スポンジ×2

● 各部を採寸する

1 帯の長さと幅、作り帯を付ける人の胴回りをはかる。

ポイント
胴回りはウエストではなく、帯を締めたときに帯の下線がくるあたりをはかります。

【見積もり図】

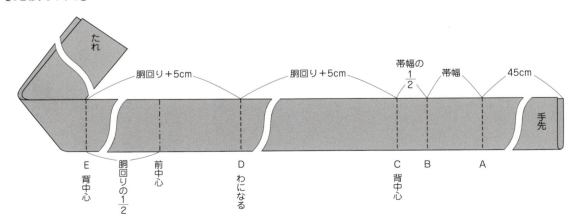

2 ❶で計測したサイズを元にしてA〜Eの位置を決め、目印のピンチをする。

● 胴回り部分を作る

3 P19ステップ2を参考にしてたれの長さ（本書は13cm）を決めて帯の表側にまち針を打つ。

4 帯を裏返す。まち針の位置の表側から針を入れて、基本線のしつけをかける。基本線の中心に玉どめで中心点の印をつける。

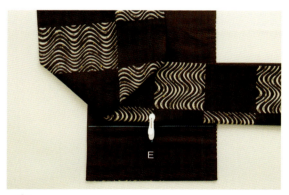

5 胴部分を折り下げて中心点にEを重ねる。

6 P22⑩〜⑬と同様に三角部分の余分を取り、アのところで3cmのぬい目でお太鼓までぬいとめる。

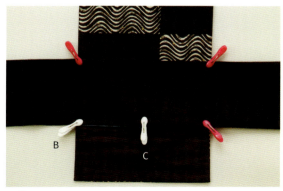

7 胴部分を折って中心点にCを重ねる。

【イラスト1】

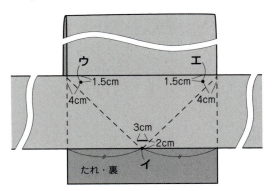
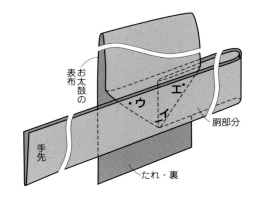

イ→お太鼓の表布以外を飾り十字どめ。ウ→お太鼓の表布まで十字どめ。エ→お太鼓の表布まで十字どめ。

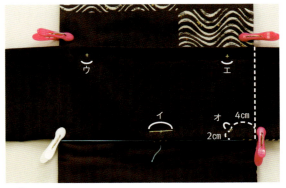

8 イ、ウ、エをぬいとめてから（イラスト1参照）、オのところで胴2枚をぬいとめる。

● ひもをつける

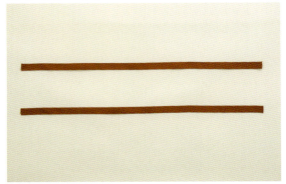

9 ひもを二等分する。

10 P23 ❶、P24 ❶と同様にひもをのせ、胴とひものみを4目でぬいとめる。

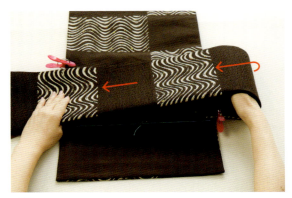

11 胴部分を折り返し、わに右手を入れる。左手で胴部分を引っ張り、内側のたるみを取る。

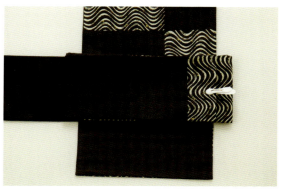

⑫ P25 ㉗、P26 ㉘と同様に残りの胴部分を折りたたむ。

⑬ P26 ㉙～㉛と同様にひもをつけて、ひも端を三つ折りぐけする。P26 ㉜と同様に胴部分の上端をぬいとじる。

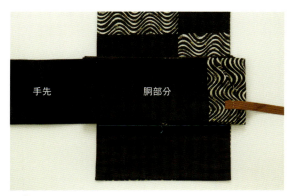

⑭ 胴部分を折りたたむ。

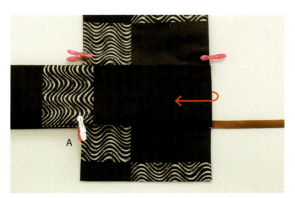

⑮ 帯を表に返してAが帯の横線にくるように手先を折り返す。

● 角出しのふくらみを作る

⑯ スポンジ2枚をくの字の形になるように長辺をぬいとじる。

⑰ 手先を折り返して開き、ぬいとじた部分を上にしてスポンジを中央よりやや下に横向きに置く。

⑱ 手先を元に戻して、上側のスポンジと胴部分を1目でぬいとめる。角出しのふくらみが完成。

⑲ ふくらみの上部とお太鼓の裏側をぬいとめる。スポンジが見えないように★部分の内側を1目ぬいとじる。

全体の形

⑳ できあがり。

たたんだ形

たたんだ形

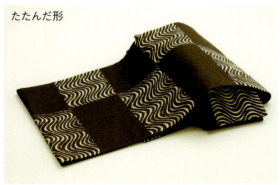

たたみ方

① お太鼓のふくらみの上に胴部分を折り返し、ひもをのせる。

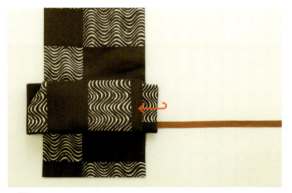

② 残りの胴部分を❶と同様に折りたたんでいく。

③ 胴部分をお太鼓で包むように巻き上げていく。

④ コンパクトになって収納に便利。

吉弥結びの作り方

半幅帯

シンプルな形ですが、羽根の長さや角度を変えるだけで
雰囲気が変わります。帯が長い場合はお太鼓を二重にして作ります。

● 用意するもの

・半幅帯（約3〜4m）
・ひも（2cm幅・胴回り＋30cm）
・ヘアゴム

● 各部を採寸する

1 帯の長さと幅、作り帯を付ける人の胴回りをはかる。

ポイント

胴回りはウエストではなく、帯を締めたときに帯の下線がくるあたりをはかります。

● お太鼓部分を作る

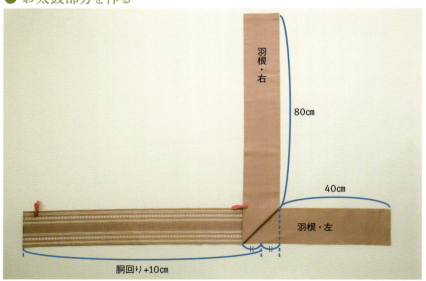

❶で計測したサイズを元に、写真のように帯を置く。

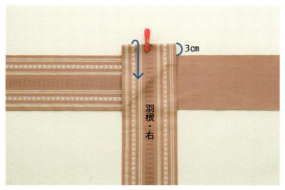

2 折り山を帯から3センチ上にして、羽根・右部分を折り下げてピンチで仮どめする。

3 羽根・右を斜め上に折り上げる。

4 折った羽根を半分に折る。

5 羽根・左の端から15cmのところにタックを取り、ヘアゴムで結ぶ。帯が長い場合は折って二重にしてから、タックを取る。

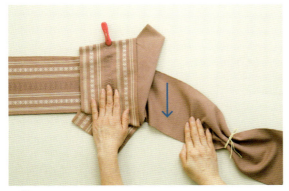

6 お太鼓部分を左手で押さえ、右手で羽根を引き下げる。

7 引き下げた羽根をお太鼓の中に入れる。

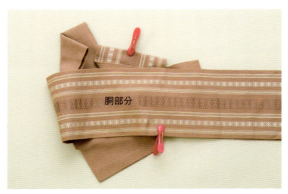

⑧ 羽根を裏返し、胴部分をピンチで仮どめする。

⑨ わの部分のたるみを羽根のカーブに合わせて中に折り込む。

⑩ 折り込んだたるみにタックを取る。

⑪ タックの形を整え、帯山と胴部分が平行になるようにしてピンチで仮どめする。

⑫ ア、イのところで胴部分とお太鼓の内側を十字どめする。ア→上辺から1cm、左辺から2cm。
イ→上辺から1cm、アから7.5cm。

⑬ 胴部分をめくる。

14 ウのところで胴と羽根をぬいとめる。

● ひもをつける

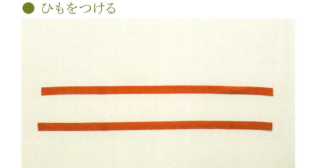

15 ひもを二等分する。

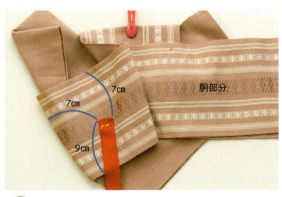

16 タックをめくって胴部分の片側にひもをつける。ひも端から1cmのところでひもと胴、羽根を1目でぬいとめる。

17 タックを元に戻してエのところで胴とひもを4目でぬいとめる。

18 オのところで胴2枚を十字どめする。

19 両手で胴部分を左右に伸ばし、たるみを取る。

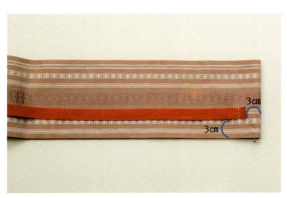

20 胴部分にひもをつける。ひも端から1cmのところでひもと胴の上1枚を4目でぬいとめる。

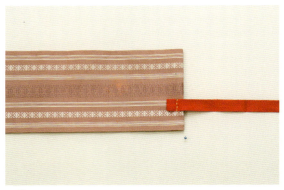

21 ひもを折り返し、わから1cmのところでひもと胴2枚を4目でぬいとる。

全体の形

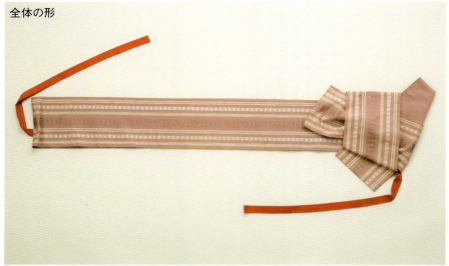

22 できあがり。

たたんだ形

たたみ方

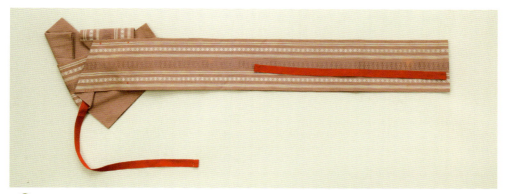

① 帯を裏返し、胴部分にひもをのせる。

② 胴部分を折り返す。

③ 残りの胴部分を❷と同様に折りたたむ。

④ ひもを折りたたんで胴部分にのせる。

⑤ できあがり。重ねて収納OK。

和らく結びの作り方

半幅帯

半幅帯で作る和らく会オリジナルの大人の雰囲気のリボン結びです。
本書ではお太鼓の大きさ80㎝で作ります。

● 用意するもの

半幅帯（約3～4m）
・ひもa（2㎝幅・胴回り＋30㎝）、ひもb（2㎝幅・胴回り＋80㎝）
・ヘアゴム×2

● 各部を採寸する

1 帯の長さと幅、作り帯を付ける人の胴回りをはかる。

ポイント

胴回りはウエストではなく、帯を締めたときに帯の下線がくるあたりをはかります。

● 羽根を作る

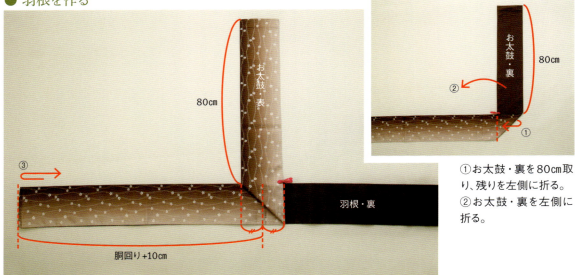

①お太鼓・裏を80㎝取り、残りを左側に折る。
②お太鼓・裏を左側に折る。

❶で計測したサイズを元に、写真右上①②のように帯を置き、③で右に折り返す。

46

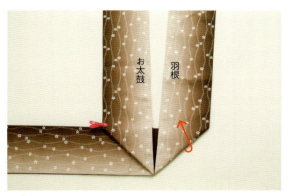

② 羽根を折り上げる。

③ 折った羽根を斜め上に折り上げる。

● ひもaをつける

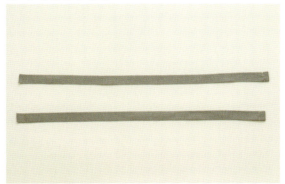

④ ひもaを二等分する。

⑤ 胴部分の角をめくり上げて、ひもaをのせる。

⑥ 胴部分を元に戻してひもと胴を帯のきわでぬいとめる。ア、イ、ウをぬいとじる。

⑦ 帯を裏返す。

⑧ お太鼓を胴部分から3cm出るように折り返し、羽根を反対側にねじる。

⑨ お太鼓にのせた羽根の中心にタックを寄せて、ヘアゴムで結ぶ。

⑩ 残りの羽根を⑨の上に折り上げて中央にタックを寄せて、ヘアゴムで結ぶ。

● ひもbをつける

⑪ 2つの羽根を重ね、お太鼓と胴部分をピンチで仮どめする。ひもbを2つ折りして羽根の中心にのせる。

⑫ ひもをタックの下にくぐらせ、ひものわに通す。

⑬ ひもを左右に広げて締める。

14 ア〜エをぬいとめる。ア・イ→ひもとお太鼓、ウ、エ→ひもとお太鼓と胴部分。

15 胴部分にP26 ㉙〜㉛と同様に残りのひもaをつける。

全体の形

16 できあがり。

たたんだ形

たたみ方

1 帯を裏返し、胴部分を折りたたむ。ひもをのせてたたむ。

2 たたんだ胴部分をひもにかぶせる。

3 できあがり。重ねて収納OK。

角出しの作り方

袋帯より短い名古屋帯で作る角出しは、付けたときお太鼓全体がふっくらと丸みを帯びた雰囲気になります。

● 用意するもの

・名古屋帯（約3.2〜3.9m）
・ひも（2cm幅・胴回り＋30cm）
・食器用スポンジ×2

● 各部を採寸する

1 帯の長さと幅、作り帯を付ける人の胴回りをはかる。

ポイント
胴回りはウエストではなく、帯を締めたときに帯の下線がくるあたりをはかります。

【見積もり図】

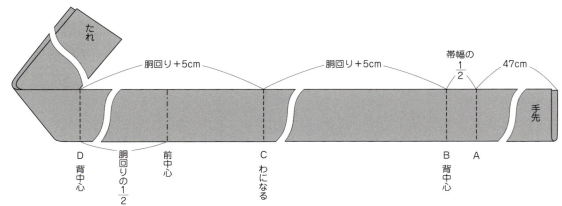

2 ❶で計測したサイズを元にしてA〜Dの位置を決め、目印のピンチをする。

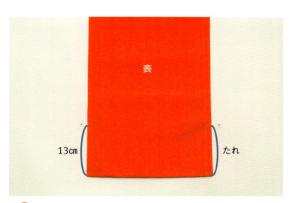

3 P19ステップ2を参考にしてたれの長さ（本書は13cm）を決めて、帯の表側にまち針を打つ。

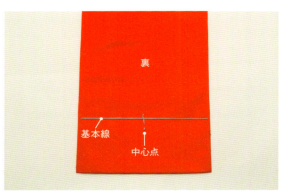

4 まち針の位置の表側から針を入れて、基本線のしつけをかける。基本線の中心に玉どめで中心点の印をつける。

5 胴部分を折り下げて中心点にDを重ねて、ピンチをはずす。P22 ⑩〜⑬と同様に三角部分の余分を取り、アのところでお太鼓までぬいとめる。

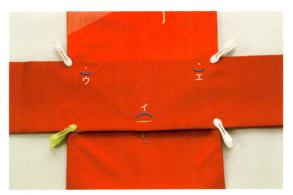

6 胴部分を折って中心点にBを重ねて、ピンチをはずす。イ、ウ、エをぬいとめる（イラスト1参照）。

【イラスト1】

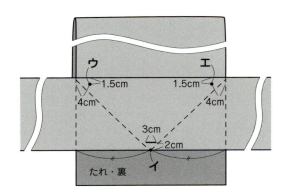

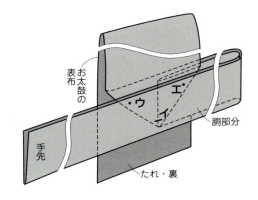

イ→お太鼓の表布以外を飾り十字どめ。ウ→お太鼓の表布以外を十字どめ。エ→お太鼓の表布以外を十字どめ。

● ひもをつける

⑦ ひもを二等分する。

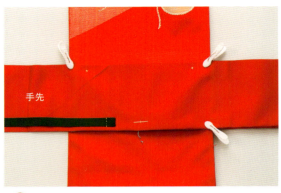

⑧ P23⓱、P24⓳と同様にひもをのせ、胴とひものみを4目でぬいとめる。

⑨ オ、カのところでお太鼓の表布までぬいとめる。

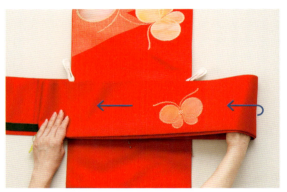

⑩ 胴部分を折り返し、わに右手を入れる。左手で胴部分の内側を引っ張り、外側にゆるみを作る。

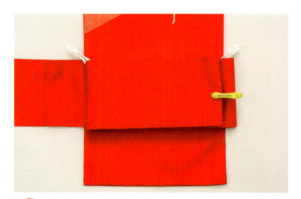

⑪ P25㉗、P26㉘と同様に残りの胴部分を折りたたむ。

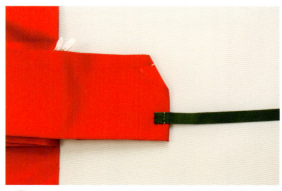

⑫ P26㉙〜㉛と同様にひもをつけて、ひも端を三つ折りぐけする。 P26㉜と同様に胴部分の上端をぬいとじる。

● 角出しのふくらみを作る

13 スポンジ2枚をくの字の形になるように長辺をぬいとじる。

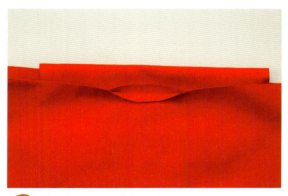

14 帯を表に返して手先を折り返す。ぬいとじられている手先を開いて、スポンジの入れ口を作る。

15 ぬいとじた部分を上にしてスポンジを中央よりやや下に、横向きに入れる。

16 上側のスポンジと胴部分を1目でぬいとる。角出しのふくらみが完成。

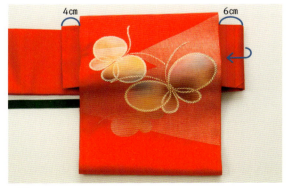

17 ふくらみをスポンジが中心にくるようにお太鼓の下に通す。

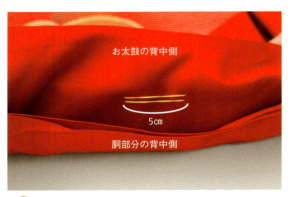

18 お太鼓を持ち上げて、ふくらみとお太鼓の背中側を5cmのぬい目で2列ぬいとめる。

全体の形

できあがり。

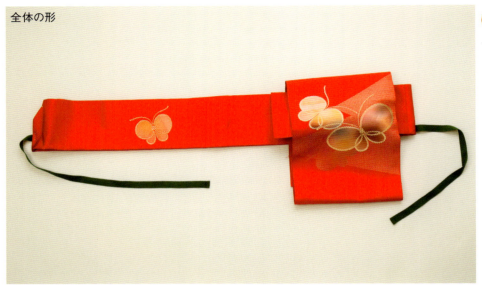

たたんだ形

たたんだ形

角出しの付け方

名古屋帯も袋帯も同じ付け方です。
角出し用の帯枕は腰ひもで代用できます。

慣れたら3分!

● 用意するもの

- 作り帯（名古屋帯、袋帯）
- 薄手のフェイスタオル
  （縦に4つ折りしてから横に3つ折り）
- 帯板
- 帯あげ
- 帯締め
- 角出し用帯枕
- 着物クリップ（洗濯ピンチでもOK）
- ヘアゴム

1 帯枕を帯あげで巻いてヘアゴムでとめる。

2 お太鼓の裏側になる胴部分のポケット状のところにタオルをたたんで入れ、帯にふくらみを出す。

3 胴部分を折りたたむ。

4 胴部分に❶の帯枕をのせる。

5 お太鼓をかぶせて、帯山、お太鼓とたれをそれぞれ着物クリップで仮どめする。

6 帯の表を正面にして帯山を持つ。ゴムベルト付きの帯板を使う場合は装着しておく。

7 帯を背中に当てて密着させる。

角出しの付け方

⑧ 帯枕のひもと帯あげを仮結びする。

⑨ お太鼓の下から胴部分をゆっくり引き出し、巻いていく。

⑩ 帯の間に帯板を入れる。

⑪ 胴部分を背中に巻いていき、手先側と胴部分を左右に引っ張る。

ポイント

胴部分のわに指を入れて引っ張ると力を入れやすい。

※撮影の都合上、お太鼓を持ち上げてピンチで仮どめしています。

⑫ ひもを正面に回して帯を背中に密着させる。

⑬ 正面でひもをりぼん結びする。

⑭ ひもを結んだまま、⑪と同様に胴部分と手先側を左右に引っ張って二度締めする。

⑮ ひものゆるみ分が出たら、りぼん結びで結び直して帯の下に入れる。

⑯ 帯あげを結ぶ。

⑰ 帯締めをお太鼓のわの中に通す。

⑱ 帯締めとお太鼓の両端を持つ。

⑲ お太鼓を折り上げていく。

⑳ 好みの大きさになるまでお太鼓を折り上げたら、帯締めを正面に回す。

㉑ 帯締めを結ぶ。

完成！

㉒ できあがり。
帯締めの位置は帯の下線から1～5cm上が目安。

お太鼓の付け方

名古屋帯も袋帯も同じ付け方です。帯を背中に
密着させるときは壁を利用してやるときれいにできます。

慣れたら3分！

● 用意するもの
- 作り帯（名古屋帯、袋帯）
- 薄手のフェイスタオル
 （縦に4つ折りしてから横に3つ折り）
- 帯板
- 帯あげ
- 帯締め
- 帯枕
- ヘアゴム

1 帯枕を帯あげで巻いてヘアゴムでとめる。

2 お太鼓の裏側になる胴部分のポケット状のところにタオルをたたんで入れ、帯にふくらみを出す。

3 立ち上がりの下に❶の帯枕を入れる。

4 帯のセットが完成。

5 帯の表を正面にして帯山を持つ。ゴムベルト付きの帯板を使う場合は装着しておく。

6 帯を背中に当てて密着させる。

7 壁に背中を押しあてながら密着させると楽にできる。

⑧ 帯枕と帯あげは仮結びする。

⑨ お太鼓の下から胴部分をゆっくり引き出し、巻いていく。

⑩ 帯の間に帯板を入れる。

⑪ 胴部分を背中に巻いていき、手先側と胴部分を左右に引っ張る。胴部分のわに指を入れて引っ張ると力を入れやすい。

⑫ ひもを正面に回して帯を背中に密着させ、りぼん結びする。

⑬ ひもを結んだまま、⑪と同様に胴部分と手先側を左右に引っ張って二度締めする。

⑭ ひものゆるみ分が出たら、りぼん結びで結び直して帯の下に入れる。

⑮ 帯あげと帯締めを結ぶ。

⑯ できあがり。

吉弥結びの付け方

軽くて扱いやすいので、あっという間に装着できます。
帯締めでお太鼓の中の胴部分の重なりを
しっかり押さえましょう。

慣れたら3分！

● 用意するもの
・作り帯
・帯板
・帯あげ
・帯締め

1 お太鼓の中に帯あげを入れる。

2 帯の表を正面にして帯山を持つ。ゴムベルト付きの帯板を使う場合は装着しておく。

3 帯を背中に当てて密着させる。

4 帯あげを仮結びする。

5 胴部分を正面に巻いていく。

6 帯の間に帯板を入れる。

7 胴部分を背中に巻いていく。

⑧ 胴部分を背中に巻いていき、手先側と胴部分を左右に引っ張る。

ポイント

胴部分のわに指を入れて引っ張ると力を入れやすい。

※撮影の都合上、お太鼓を持ち上げてピンチで仮どめしています。

⑨ 正面でひもをりぼん結びする。

⑩ ひもを結んだまま、⑧と同様に胴部分と手先側を左右に引っ張って二度締めする。

⑪ ひものゆるみ分が出たら、りぼん結びで結び直して帯の下に入れる。

⑫ 帯あげと帯締めを結ぶ。

完成！

⑬ できあがり。

和らく結びの付け方

ハンドタオルを巻いて帯枕にします。
帯あげを正面で結んだら帯の中にぐっと押し込んで
帯を背中に密着させましょう。

慣れたら3分！

● 用意するもの

- ・作り帯
- ・薄手のハンドタオル
- ・ヘアゴム
- ・帯板
- ・帯あげ
- ・帯締め

※撮影の都合上、❿ ⓬ はお太鼓を持ち上げてピンチで仮どめしています。

1 タオルを半分に折って筒状に巻いてぬいとじる。

2 ❶を帯あげで巻いてヘアゴムでとめる。

3 お太鼓を折り上げて羽根の下に❷を入れる。

4 お太鼓を折り返す。帯のセットが完成。

5 帯の表を正面にして帯山を持つ。ゴムベルト付きの帯板を使う場合は装着しておく。

6 帯を背中に当てて密着させる。

7 帯あげを仮結びする。

⑧ 胴部分を正面に巻いていく。

⑨ 帯の間に帯板を入れる。

⑩ 胴部分を背中に巻いていき、手先側と胴部分を左右に引っ張る。胴部分のわに指を入れて引っ張ると力を入れやすい。

⑪ 正面でひもをりぼん結びする。

⑫ ひもを結んだまま、⑩と同様に胴部分と手先側を左右に引っ張って二度締めする。

⑬ ひものゆるみ分が出たら、りぼん結びで結び直して帯の下に入れる。

⑭ 帯あげと帯締めを結ぶ。

⑮ できあがり。

©MIZUNO MASUMI

和らく会

「着物が好き、着物を気軽に着たい」という共通の想いの仲間たちが集まり、2009年に誕生。帯を切らずにより簡単に作ることができ、使いやすく着崩れしない作り帯にするために改良を重ね、手結びと変わらない和らく会流の作り帯を完成させる。講座実績はよみうりカルチャー、朝日カルチャーセンター、毎日文化センター、サンケイリビング、産経学園ほか多数。講師自身が着物に自作の作り帯を付けて教える懇切丁寧な指導が評判を呼び、これまでに受講した生徒数はのべ9千人を超える。
・HP（活動内容や講座情報）
http://nihonnoobi.com/

本書の内容に関するお問い合わせは、お手紙かメール(jitsuyou@kawade.co.jp)にて承ります。恐縮ですが、お電話でのお問い合わせはご遠慮くださいますようお願いいたします。

撮影	松本英明
ブックデザイン	釜内由紀江 五十嵐奈央子（Grid）
ヘアメイク	カストロ・デニース
作り方イラスト	見崎智子
企画・編集	桜井美貴子（株式会社エイブル）
◎special thanks	森重治 森口七夕華 桑山貴子 小川生志 水野真澄（ウイルプランニング） 和装小物の白梅 http://www.siraume.com/

切らずにできる着物の作り帯

2016年 4月30日　初版発行
2018年 5月20日　12刷発行

発行者　小野寺優
発行所　株式会社河出書房新社
〒151-0051　東京都渋谷区千駄ヶ谷2-32-2
電話　03-3404-8611（編集）03-3404-1201（営業）
http://www.kawade.co.jp/
印刷・製本　図書印刷株式会社

ISBN978-4-309-28576-4
Printed in Japan

落丁・乱丁本はお取り替えいたします。
本書のコピー、スキャン、デジタル化等の無断複製は著作権法上での例外を除き、禁じられています。本書を代行業者等の第三者に依頼してスキャンやデジタル化することは、いかなる場合も著作権法違反となります。